AF596281

J'apprends l'arabe - Niveau 1

La méthode moderne pour apprendre l'Arabe, proposée par le Professeur Belamine

Du même auteur :

***Le livre de chevet du musulman francophone**, 1990 – Éditions Afkar*

***Invocations coraniques**, 1991 – Éditions Afkar*

***Les cinq piliers de l'islam**, 1991 - Éditions Al Munir (Réédition Essalam 1996)*

***Tout sur l'islam – Tome 1 : Foi et spiritualité**, 1991 – Éditions Afkar-Alphabeta*

***Tout sur l'islam – Tome 2 : Pratique**, 1992 - Éditions Afkar-Alphabeta*

***L'Orientateur 1 - Questions et réponses sur l'islam**, 1997 - Éditions Essalam*

***L'orientateur 2 - Questions et réponses sur l'islam**, 1998 - Éditions Essalam*

***Le Monde Invisible, Al-Ghayb** (Traduction), 1999 - Éditions Essalam*

***La fin du monde** (Traduction), 2002 - Éditions Essalam*

***Le bien et le mal** (Traduction), 2002 - Éditions Essalam*

***La voie du petit musulman, Six tomes** (Traduction) 1997-2003 - Éditions Essalam-Safir*

***La citadelle du musulman** (Traduction), 2003 – Éditions Essalam*

***Le Saint Coran Chapitre 'Amma** (Traduction et translittération), 2003 – Éditions Essalam (Réédition Sana 2007)*

La magie et la jalousie *(Traduction) 2005 - Éditions Essalam*

Les quarante hadiths *(Traduction), 2006 - Éditions Sana*

Les plus beaux noms de Dieu, deux tomes *(Traduction) 2006 - Éditions Essalam*

Les règles du Tajwid simplifiées, niveau 1 *(Traduction) 2006 - Éditions Sana*

Le remède du Corps et de l'Âme *(Traduction) 2006 - Éditions Sana*

Le Coriace 1 - Nos amis les bêtes*, 2023 - Autoédition*

Le Coriace 2 - Le corps dans tous ses états*, 2023 - Autoédition*

Les subtilités de la traduction 1 - 100 Expressions idiomatiques arabes, traduites en français*, 2023 – Autoédition*

Les subtilités de la traduction 2 - 100 Proverbes arabes, traduits en français*, 2023 – Autoédition*

Au secours ! Recueil de nouvelles*, 2023 - Autoédition*

ISBN 978-2-494704-02-2

Photo de couverture, M.C. Belamine

J'apprends l'arabe - Niveau 1

La méthode moderne pour apprendre l'Arabe

Badr BELAMINE

Préface

Chers lecteurs

Voici le premier niveau de ma nouvelle méthode d'arabe. Son objectif est l'apprentissage de la lecture et de l'écriture en vingt heures de cours.

Ce premier niveau se compose de cinq cours de quatre heures chacun.

Ce niveau n'est pas accompagné d'un support oral, car les compétences de la compréhension orale et de l'expression orale seront abordées au niveau trois prévu ultérieurement. Le niveau deux sera quant à lui réservé à la morphologie et à la syntaxe arabes.

Dans chacun des cinq cours de ce premier niveau y est présenté un petit dialogue et y sont introduits un certain nombre de lettres et de signes, un petit vocabulaire et un certain nombre d'informations utiles. Chaque cours se termine par un exercice de lecture et deux exercices d'écriture.

Ce premier niveau se termine par ce qui est communément appelé : Les lettres solaires et les lettres lunaires, suivi d'un exercice et enfin un petit cours sur les règles du choix du bon support de la hamza.

Le lecteur pourra enfin trouver en annexe de ce premier niveau un test final ainsi que deux listes de vocabulaire usuel.

Aussi complet que peut être perçu ce niveau un, il serait bien plus efficace s'il pouvait être mis en œuvre sous la supervision d'un professeur d'arabe.

Je laisse à chacun le choix d'en juger et je souhaite à tous les apprenants toute la volonté et la tenacité nécessaires pour venir à bout de leur parcours d'apprentissage de l'arabe à travers ce premier niveau.

Avertissement

Je suis heureux de mettre aujourd'hui à la disposition des lecteurs le niveau Un de ma méthode d'arabe.

Mais pourquoi une méthode d'arabe de plus ? Que manque-t-il aux méthodes d'arabe déjà existantes qui justifie d'en produire une nouvelle ?

Plusieurs éléments m'ont convaincu qu'il me fallait apporter ma contribution.

Le premier est la nécessité d'être mesuré et d'éviter de prétendre que sa méthode est celle qui résoudra tous les problèmes d'apprentissage de l'arabe comme c'est souvent le cas.

Le deuxième élément est la nécessité d'éviter d'exagérer l'efficacité de l'auto-apprentissage. En effet, très peu d'apprenants ont la capacité d'apprendre seuls une langue, en l'occurrence l'arabe, sans l'apport d'un professeur.

Le troisième élément et sans doute le plus détérminant est la nécessité, dans le cas de l'arabe, d'en aborder l'apprentissage en trois phases, d'abord la lecture et l'écriture, suivie du fonctionnement syntaxique et grammaticale de l'arabe, suivie enfin de la compréhension orale et l'expression orale, car ces deux dernières compétences sont presque systématiquement empreintes de dialectalismes dans la pratique réelle de la langue. Ceci justifie à mon sens que soit abordé le volet oral de l'apprentissage de l'arabe séparément.

Pour finir, je voudrais préciser que l'acquisition de ce premier niveau serait, comme je l'ai déjà souligné, bien plus efficace sous la supervision d'un professeur d'arabe. Cependant, pour les apprenants qui préfèrent se passer d'un professeur, il existe la possibilité de suivre mes cours sur Youtube à l'adresse suivante : *https://www.youtube.com/@artsetconnaissance865* « **Arts et Connaissance - فنون ومعرفة** ». *Il y aura ainsi pour eux la possibilité d'ecrire leurs commentaires au fûr et à mesure de leur apprentissage.*

Je souhaite bon courage à tous les apprenants en leur recommandant vivement les deux piliers d'un apprentissage réussi, en l'occurrence la volonté et la persévérance.

Alphabet et Signes

الأبجدية و العلامات

Alphabet Arabe

الأبجدية العربية

25- م مـ	17- ط	9- د	1- أ إ ؤ ئـ ئ ء
26- ن نـ	18- ظ	10- ذ	2- ا ى
27- ه هـ ـهـ ـه	19- ع عـ ـعـ ـع	11- ر	3- ب
28- و	20- غ غـ ـغـ ـغ	12- ز	4- ت
29- ي يـ	21- ف	13- س سـ	5- ث
	22- ق	14- ش شـ	6- ج جـ
	23- ك كـ	15- ص صـ	7- ح حـ
	24- ل لـ	16- ض ضـ	8- خ خ

Les signes

العلامات

1- ـَـ

2- ـُـ

3- ـِـ

4- ـْـ

5- ـّـ

6- ـٌـ

7- ـٍـ

8- أ

9- الـ

10- آ

11- ة ـة

12- لا

Exercice sur l'alphabet

تمرين في الأبجدية

Écris les lettres ci-dessous selon l'ordre alphabétique :

ش – ث – ق – ظ – ذ – ي – غ – ا – ض – ل – ز –
ح – ن – ف - ه - ب – م – ص – ج – و – ر – د – ط
– ع – س – أ – خ - ك – ت

Premier Cours

الدرس الأوّل

- Se présenter
- Faire connaissance
- Dire son origine

Dialogue حوار

مرحبا

- مرحبا. أنا سامي. من أنتَ؟
- أنا أمين. ومن أنتِ؟
- أنا مريم.
- أنا مِن سوريا. أنا سوري. مِن أينَ أنتَ؟
- أنا مِن تونِس. أنا تونِسي. ومِن أينَ أنتِ؟
- أنا مِن روسيا. أنا روسِيّة.

– Lis le dialogue ci-dessus.

Les lettres et les signes الحروف و العلامات

أ – ا ى – ب – ت – ح حـ – ر – س سـ - م مـ - ن نـ -
و – ي يـ

ـــ - ـــُ - ـــِ - ة ـة - ـــّ

Le tableau des lettres et des signes

جدول الحروف و العلامات

Nom	Exemple	Son	Seule	Fin	Milieu	Début
Hamza	أنا	/,/	أ	ـأ	ـأـ	أـ
Alif	أنا	â	ا	ـى/ـا	ـاـ	اـ
Bê	باب	/b/	ب	ـب	ـبـ	بـ
Tê	أنت	/t/	ت	ـت	ـتـ	ت
êḥ	مرحبا	/ḥ/	ح	ـح	ـحـ	حـ
âṛ	مريم	r/roulé	ر	ـر	ـرـ	ـر
Sîn	تونس	/s/	س	ـس	ـسـ	سـ
Mîm	أمين	/m/	م	ـم	ـمـ	مـ
Noûn	أنت	/n/	ن	ـن	ـنـ	نـ
Wêw	تونس	-w/ /oû	و	ـو	ـوـ	ـو
Yê	أينَ	/î-y/	ي	ـي	ـيـ	يـ
Fatha	أنتَ	/a/	ـَ			
Damma	مُنى	/ou/	ـُ			
Kasra	مِن	/i/	ـِ			
Ta marbouta	أميرة/ نسيمة	/a/	ة	ـة		
Chadda	حُرّة		ـّ			

Le vocabulaire

المُفرَدات

Bonjour	مرحبا
Je / moi	أنا
Qui ?	من؟
Tu / toi (m)	أنتَ
Tu / toi (f)	أنتِ
De	مِن
Syrie	سوريا
Syrien	سوري
Où ?	أينَ؟
D'où ?	مِن أينَ؟
Tunisie	تونِس
Tunisien	تونِسي
Russie	روسيا
Russe (f)	روسِيّة

Informations utiles

معلومات مفيدة

1- Il existe dans l'alphabet arabe 29 lettres. 26 parmi elles sont des consonnes. 2 sont consonnes et longues voyelles et une seule est une voyelle longue, pas une consonne.

2- Il existe donc dans l'alphabet arabe trois voyelles longues.

3- Il existe en arabe trois voyelles courtes qui ne sont pas des lettres de l'alphabet. Elles se placent en haut et en bas des lettres.

4- La lecture et l'écriture de l'arabe se font de droite à gauche.

5- Il existe une lettre qui s'appelle « hamza » et qui se prononce comme une attaque vocalique. Cette hamza peut s'écrire sur la ligne comme sur l'un des supports suivants sans changer de son :

أ - إ ـــ ؤ - ئ - ئـ ـــ ء .

Cependant, on peut également la trouver sous le alif . Dans ce cas, elle se prononcera /i/.

6- On ne peut en arabe commencer un mot par une voyelle.

7- La chadda sert à appuyer le son des consonnes. On ne la trouve jamais en début de mot.

8- La « ta marbouta » est la marque du féminin pour les noms et les adjectifs. Elle se met en fin de mot et se prononce /a/.

Il existe seulement deux cas où elle se prononce /t/. Le premier est lorsque cette marque est précédée d'un alif comme dans (Hayât) . Le deuxième est lorsque le mot féminin finissant par « ta marbouta » est lié au mot qui suit, comme dans l'exemple : La ville de Paris (Madînat Bârîs).

9- Il existe en arabe six lettres qui ne s'attachent pas à la lettre qui suit, donc à gauche, mais qui s'attachent à droite comme toutes les autres lettres de l'alphabet.

Lecture قراءة

1- بحر	16- أمير	31- سميرة	46- رَيّان
2- حرب	17- حبيب	32- نسيمة	47- حرارة
3- تمر	18- سِرّ	33- حنان	48- نِسرين
4- مِتر	19- سارة	34- رحيم	49- إنسان
5- مِترو	20- راسِم	35- أمين	50- سرير
6- حُرّ	21- نور	36- مُنير	51- مسرور
7- مُنى	22- نار	37- حنين	52- سونية
8- سنة	23- منار	38- حنون	53- أسرار
9- سِنة	24- حِمار	39- حسَن	54- أحباب
10- سُنّة	25- نَوم	40- حُسَين	55- بُحَيرة
11- أُمة	26- نِسر	41- حنّاء	56- يحيى
12- حارّة	27- نِمر	42- سماء	57- حمراء
13- حارة	28- ناس	43- مساء	58- حَياة
14- حُبّ	29- تين	44- أنيس	59- نَواة
15- حبّ	30- رامي	45- أحمر	60- تِمساح

Exercices

تمارين

1- Attache les lettres suivantes pour former des mots :

1- م ر ح ب ا ______	5- أ م ي ن ة ______
2- س ا م ي ة ______	6- ر و س ي ة ______
3- م ر ي م ______	7- ي ا س ي ن ______
4- ب ح ر ______	8- ح م ا ر ______

2- Sépare les lettres des mots suivants :

1- سوريا ______	5- ريان ______
2- سميرة ______	6- نسيمة ______
3- بسمة ______	7- منيرة ______
4- نسرين ______	8- سونية ______

Deuxième Cours

الدرس الثاني

- Se situer dans l'espace
- Dire avec qui l'on est

Dialogue حوار

أينَ أنتَ؟

- سلام جورج. أينَ أنتَ؟
- أنا في البَيت. وأينَ أنتِ؟
- أنا في المدرسة.
- في بوردو؟
- لا في باريس.
- أنتِ مع من؟
- أنا مع نعيمة.
- تحِيّاتي لِنعيمة ومع السلامة.

Les lettres et les signes

الحروف و العلامات

ج جـ - د – ف – ع عـ ـعـ ـع – ل لـ - لا – الـ

Le tableau des lettres et des signes

جدول الحروف و العلامات

Exemple	Nom	Son	Seule	Fin	Milieu	Début
جورج	Djîm	/Dj/	ج	ـج	ـجـ	جـ
مدرسة	Dêl	/D/	د	ـد	ـد	د
فريدة	Fê	/F/	ف	ـف	ـفـ	فـ
نعناع	Ảyn	/Ả/	ع	ـع	ـعـ	عـ
ليل	Lêm	/L/	ل	ـل	ـلـ	لـ

Le vocabulaire

المُفرَدات

Bonjour / Au revoir	سلام
Georges	جورج
Dans / à	في
Maison	بَيت
Ecolc	مدرَسة
Bordeaux	بوردو
Paris	باريس
Avec	مَعَ
Naïma	نعيمة
Mes salutations	تحِيّاتي
Pour / à	لِـــ
Et	وَ
Au revoir	مع السلامة

Informations utiles

معلومات مفيدة

1- Il existe un seul article défini en arabe الـcomposé d'un alif suivi d'un lêm. Le lêm de cet article s'attache à la première lettre du mot.

2- Lorsqu'un alif est précédé d'un lêm il se penche de la manière suivante : لا.

3- La lettre دfait partie des lettres ne s'attachent pas avec ce qui suit.

4- Les pronoms possessifs français : mon, mes et ma ont un seul équivalent arabe à savoir la lettre ــي qui s'attache à la fin du mot.

5- La préposition arabe لِـqui signifie : à ou pour, s'attache au nom qui suit, comme dans لِنعيمة.

Expressions

عبارات

Mes salutations	تحيّاتي
Au revoir	مَعَ السلامة

قِراءة Lecture

1- علِيّ	14- لِندة	27- جامِعة	40- عِيادة
2- عُمَر	15- أحلام	28- جماعة	41- دعم
3- عُمر	16- حُلم	29- دار	42- جوع
4- عامِر	17- حليم	30- دُستور	43- فرع
5- مُعَمَّر	18- جمال	31- نعَم	44- نَوع
6- نعناع	19- جميلة	32- سعيدة	45- عيد
7- جعفَر	20- دُنيا	33- سُعاد	46- رُبع
8- سُندُس	21- مدرَسة	34- سِعر	47- دين
9- فريدة	22- تحِيّة	35- سريع	48- دَين
10- دفتَر	23- مُعَلِّم	36- عسير	49- عار
11- سلام	24- فريال	37- رُجوع	50- ورَع
12- سليم	25- الجُمُعة	38- ردع	51- عَين
13- منال	26- جامِع	39- رداء	52- وعد

Exercices

تمارين

1- Attache les lettres suivantes pour former des mots :

1- ا ل ج م ع ة ________

2- ن ع ي م ة ________

3- ف ر ع ________

4- م ع ل م ________

5- ج م ي ل ة ________

6- م ع م ر ________

7- ج ع ف ر ________

8- ر ب ع ________

2- Sépare les lettres des mots suivants :

1- تحياتي ________

2- السلامة ________

3- أحلام ________

4- جامعة ________

5- حليمة ________

6- المدرسة ________

7- لندة ________

8- جماعة ________

Troisième Cours

الدرس الثالِث

- Dire comment l'on va
- Dire où l'on habite

Dialogue حوار

كَيفَ الحال؟

- أنتَ طاهِر؟
- نعَم
- أهلاً، أنا هُدى، كَيفَ الحال؟
- لا باس، وأنتِ كَيفَ حالُكِ؟
- تمام، الحمدُ لِلّه. أينَ تسكُن حالِياً؟
- أسكُن في باريس. وأنتِ أينَ تسكُنينَ؟
- أسكُن في بُندي.
- إذاً نحنُ جيران !
- نعَم طبعاً !

Les lettres et les signes

الحروف و العلامات

ط كـ ك هـ ـهـ ـه ه اً ـٌ ـٍ

Le tableau des lettres et des signes

جدول الحروف و العلامات

Exemple	Nom	Son	Seule	Fin	Milieu	Début
طاهِر	âṬ	/ṭ/	ط	ـط	ـطـ	طـ
أسكن	Kêf	/k/	ك	ـك	ـكـ	كـ
أهلاً	Hê	/h/	ه	ـه	ـهـ	هـ
حالِياً	Tanwine	/Ane/	اً			
طريقٌ	Tanwine	/Oune/	ـٌ			
قهوةٍ	Tanwine	/Ine/	ـٍ			

Le vocabulaire

المفردات

Salut	أهلاً
Oui	نعَم
Comment vas-tu ?	كَيفَ الحال؟
Je vais bien	لا باس
Comment vas-tu ? (m)	كَيفَ حالُكَ؟
Comment vas-tu ? (f)	كَيفَ حالُكِ؟
Je vais bien	تمام
Dieu merci	الحمدُ لِلّه
Actuellement	حالِياً
J'habite	أسكُن
Tu habites (m)	تسكُن
Tu habites (f)	تسكُنينَ
Bondy	بُندي
Donc / alors	إذاً / إذَن
Nous	نَحنُ
Voisin	جار (ج. جيران)
Bien sûr	طبعاً

Informations utiles

معلومات مفيدة

1- Il existe en arabe trois articles indéfinis qu'on n'emploie pas en fonction du genre ou du nombre comme en français, mais selon la fonction du mot dans la phrase. Ces articles s'appellent « Tanwine ». Ils se mettent sur la dernière lettre du mot. Ils ne sont presque jamais employés à l'exception du tanwine « ane » qu'on continue à trouver dans la presse et la littérature contemporaine. Le tanwine « ane » est aussi la marque finale de très nombreux adverbes arabes.

Par ailleurs, sans recourir au tanwine, on sait qu'un nom est indéfini simplement s'il n'est pas accompagné de l'article défini.

2- Un mot ne peut bien sûr pas avoir un article indéfini et un article défini en même temps.

3- Les articles ne concernent que les noms et les adjectifs. Nous ne les trouvons jamais dans des verbes.

4- Pour conjuguer un verbe, on n'a pas besoin de pronoms personnels. En effet, pour la conjugaison du présent, il suffit simplement de mettre une lettre précise au début du verbe. Pour la première personne, ce sera la Hamza et pour la deuxième personne, ce sera la lettre (T). Cependant, pour la deuxième personne au féminin, il faudra ajouter à la fin du verbe le suffixe (Îna).

Les expressions العِبارات

Salut	أهلاً
Comment vas-tu ?	كَيفَ الحال؟
Comment vas-tu ?	كَيفَ حالُك؟
Je vais bien	تمام
Dieu merci	الحمدُ لِلّه
Actuellement	حالِياً
Alors / donc	إذاً / إذَن
Bien sûr	طبعاً

Lecture قِراءة

40- كِتاب	27- معرَكة	14- عِطر	1- طاوِلة
41- طَويل	28- كهف	15- كعب	2- مطار
42- مهر	29- كِلاب	16- معهَد	3- طائِرة
43- الهِند	30- كُرة	17- عهد	4- طاهِر
44- هُد هُد	31- كُرّاس	18- جهر	5- مهدي
45- مِهنة	32- كُرسِيّ	19- طهران	6- هُدى
46- هِند	33- سُكّر	20- دهر	7- نهار
47- كُره	34- هِجرة	21- سهرة	8- الله
48- وجه	35- هاجَر	22- هِرّ	9- كلب
49- طهارة	36- مُهاجِر	23- هُرَيرة	10- سمَك
50- سطر	37- جُمهور	24- مهرَجان	11- كهرَباء
51- كَون	38- مطَر	25- كهل	12- كمال
52- مكان	39- كامِلة	26- جهَنّم	13- بطّة

Exercices تمارين

1- Attache les lettres suivantes pour former des mots :

1- م ه ر ج ا ن ______ **5-** ا ل ه ن د ________

2- ك ه ر ب ا ء ______ **6-** ج م ه و ر _______

3- ط ا و ل ة ______ **7-** ك ل ا ب _______

4- م ع ر ك ة ______ **8-** ط ه و ر _______

2- Sépare les lettres des mots suivants :

1- الله __________ 5- معهد ________

2- مهاجر __________ 6- طابور ________

3- هريرة __________ 7- سهرة ________

4- سمكة __________ 8- كاملة ________

Quatrième Cours

الدرس الرابع

- Se présenter
- Présenter son activité
- Souhaiter la bienvenue

Dialogue حوار

ماذا تعمل؟

- أنتَ رِضا؟
- نعَم،
- تفَضَّل !
- وأنتِ غَذِيَّة؟
- لا، أنا خَيرة.
- آسِف، تفَضَّلي !
- أنا مُعاذ، مُدير هذا المعهد، تشَرَّفنا.
- ماذا تعمل رِضا؟
- أنا أُستاذ في مدرسة عرَبِيَّة.
- وماذا تعمَلينَ خَيرة ؟
- أنا مُمَرِّضة في مُستَشفى في المغرِب.
- مرحَباً بِكُم في هذِهِ الشرِكة !

Les lettres et les signes

الحروف و العلامات

خ خــ ذ ش شــ ض ضــ غ غــ ـغــ ـغ

آ

Le tableau des lettres et des signes

جدول الحروف و العلامات

Exemple	Nom	Son	Seule	Fin	Milieu	Début
خَيرة	Khâ	/kh/	خ	ـخ	ـخـ	خـ
أُستاذة	Thêl	/this/	ذ	ـذ	ـذـ	ذـ
شرِكة	Chîne	/ch/	ش	ـش	ـشـ	شـ
رِضا	Dâd	/d.emph/	ض	ـض	ـضـ	ضـ
المغرب	Rayn	/r/	غ	ـغ	ـغـ	غـ
آسِف	Madd	/â/	آ			

Le vocabulaire

المفردات

Je t'en prie (m/f)	تفَضّل/ تفَضّلي
Désolé	آسِف
Directeur	مُدير
Ce / cette	هذا / هذِهِ
Institut	معهَد
Enchanté	تشَرّفنا
Qu'est-ce que ?	ماذا؟
Tu travailles (m)	تعمل
Tu travailles (f)	تعمَلينَ
Professeur	أُستاذ
Ecole	مدرَسة
Arabe (m/f)	عرَبي / عرَبيّة
Infirmière	مُمَرّضة

Hôpital	مُستَشفى
Le Maroc	المغرب
Bienvenue à vous	مرحَباً بِكُم
Entreprise	شركة

Informations utiles

معلومات مفيدة

1- A l'impératif féminin, on ajoute une longue voyelle /î/ (un yê) à la fin du verbe, alors qu'à l'indicatif on ajoute /îna/.

2- Le pronom démonstratif féminin ou masculin doit être suivi d'un article défini. Exemple :

هذا الكِتاب - هذِهِ المدرسة

3- L'adjectif arabe vient toujours après le nom et le suit en genre, en nombre et en définition ou indéfinition, exemple :

مدرَسة عرَبِيّة - المدرَسة العرَبِيّة - معهَد عرَبي

Expressions

عبارات

Je t'en prie (m/f)	تفَضـّل / تفَضـّلي
Désolé	آسِف
Enchanté	تشَرّفنا
Bienvenue à vous	مرحَباً بِكُم

قراءة Lecture

1- خَير	17- جُذور	33- أُذُن	49- خراب
2- شمس	18- آمين	34- تأخير	50-ضَوضاء
3- غُراب	19- خوخ	35- ضمير	51- شِراء
4- نذير	20- وضع	36- شهادة	52- غريب
5- ضِفدَعة	21- شرح	37- لُغة	53- آذان
6- آمال	22- غَيور	38- مآذِن	54- خِيانة
7- أخير	23- أذان	39- خُدود	55- ناضِرة
8- واضِح	24- باخِرة	40- مَوضِع	56- شبيه
9- عِشاء	25-رضاعة	41- شُؤون	57- غدير
10- غُيوم	26- شَيء	42- ذُنوب	58- نبيذ
11- ذُبابة	27- الغَيب	43- خمسة	59- مآل
12- كآبة	28- إذن	44- ضباب	60- تذكِرة
13- خِيار	29- مُختار	45- مُؤَذِّن	61- ضمان
14- لماضي	30-الموضة	46-مشهور	62- شخير

63- ذِكرى	47- غِناء	31- شجَرة	15- شِتاء
64- تِلميذ	48- مِئذَنة	32- غَنِيّ	16- تغيير

Exercices تمارين

1- Attache les lettres suivantes pour former des mots :

1- ش ج ر ة ______ 5- خ ي ا ن ة ______

2- ا ل م غ ر ب______ 6- خ ض ر ا ء ______

3- ض ب ا ب ______ 7- ض ف د ع ة ______

4- أ ا ذ ا ن ______ 8- م ش ه و ر ______

2- Sépare les lettres des mots suivants :

1- رضاعة________ 5- خمسة __________

2- شعير ________ 6- ذبابة __________

3- غيور ________ 7- لغة __________

4- تغيير ________ 8- موضع __________

Cinquième Cours

الدرس الخامِس

- Proposer une activité
- Parler d'un projet

Dialogue حوار

- ألو عُثمان، صباح الخَير. أنتَ وحدَكَ؟
- نعَم مُصطَفى، صباح النور، أنا وحدي.
- صحيح؟
- طبعاً ، صحيح والله !
- تُريد أن تشرَب قهوة أو كازوز أو عصير معي؟
- شُكراً جزيلاً ، ولَكِن أين؟
- في مقهى البُستان.
- طَيِّب، متى؟
- الآن، أنا في الطريق.
- لِمَ لا ! ولكِن لِماذا؟
- أُسافِر غداً إلى أبو ظبْي.
- مبروك ! أنتَ محظوظ ! إذَن بعدَ قليل.
- إلى اللِقاء.

Les lettres et les signes

الحروف و العلامات

ث ز ص صـ ظ ق قـ ـْ

Le tableau des lettres et des signes

جدول الحروف و العلامات

Exemple	Nom	Son	Seule	Fin	Milieu	Début
عُثمان	Thê	/thing/	ث	ـث	ـثـ	ثـ
جزيلاً	Zêy	/z/	ز	ـز	ـزـ	زـ
صباح	Sâd	s.emp/ /hat	ص	ـص	ـصـ	صـ
محظوظ	Thâ	e/this/ mphat	ظ	ـظ	ـظـ	ظـ
قهوة	Qâf	/q/	ق	ـق	ـقـ	قـ
ظبْي	Soukoûn		ـ			

Le vocabulaire

المفردات

Bonjour (matin)	صباح الخَير
Bonjour (matin) (réponse)	صباح النور
Seul (toi M)/ (toi F)	وحدَكَ / وحدَكِ
Seul (moi)	وحدي
C'est vrai	صحيح
Bien sûr	طبعاً
Je jure	والله
Tu veux (m)	تُريد
Particule pour séparer deux verbes	أن
Tu bois (f)	تشرَب
Café	قهوة
Ou	أو

Limonade	كازوز
Jus	عصير
Avec moi	معي
Merci beaucoup	شُكراً جزيلاً
Mais	لكِن/ ولَكِن
Café (lieu)	مقهى
Jardin	البُستان
D'accord	طَيّب
Quand ?	متى؟
Maintenant	الآنَ
Chemin	طريق
Pourquoi pas !	لِمَ لا !
Pourquoi ?	لِماذا؟
Je voyage	أُسافِر
Demain	غداً
A (préposit. de direction)	إلى

Abou Dabi	أبو ظبْي
Félicitations !	مبروك !
Chanceux	محظوظ
Donc/ Alors	إذَن/ إذاً
Après	بعدَ
Un peu	قليل
Rencontre	لِقاء

Informations utiles

معلومات مفيدة

1- Il existe en arabe des pronoms affixes sous forme de lettres qui correspondent aux pronoms isolés et qui se placent à la fin du mot. Par exemple, le mot arabe « seul » aura une lettre-suffixe différente selon qu'on parle de soi ou d'un autre. Exemple :

وحدي – وحدَكَ – وحدَكِ – وحدَهُ – وحدَها

Pronoms affixes	Pronoms isolés
ـــــي	أنا
ـــــكَ	أنتَ
ـــــكِ	أنتِ
ـــــهُ	هُوَ
ـــــها	هِيَ

2- En arabe, lorsque deux noms sont liés par une annexion comme dans « le café du parc », il n'y a pas de préposition entre les deux noms et le premier des deux noms ne prend jamais l'article défini. On dira donc :

مقهى البُستان.

Par ailleurs, si le premier des deux noms est féminin, sa « ta marbouta » ne se prononcera pas /a/ mais /t/, comme dans :

مدينة باريس.

3- La conjugaison des verbes en arabe n'a pas besoin de pronoms isolés. Il suffit de mettre une lettre-préfixe au début du verbe au présent pour déterminer la personne. Pour les verbes au passé, ce seront des lettres-suffixes placées à la fin des verbes.

Verbes conjugués	Pronoms isolés
أسكُن	Je - أنا
تسكُن	Tu (m) - أنتَ
تسكُنينَ	Tu (f) - أنتِ
يسكُن	Il - هُوَ
تسكُن	Elle - هِيَ

Remarques :

- La conjugaison des verbes aux personnes tu (m) et elle, est la même au présent.

- A la deuxième personne du singulier féminin on ajoute un suffixe de deux lettres.

4- Il existe en arabe des phrases nominales sans verbes. A chaque fois qu'on a en français ou en anglais des phrases au présent avec l'auxiliaire être ou avoir, ce sera en arabe des phrases sans verbes, donc des phrases nominales, comme dans : Je suis étudiant

أنا طالِب.

5- Le soukoun est un signe qui désigne l'absence de voyelle sur une consonne. Il n'est pas d'une grande utilité et il est très rarement utilisé dans la presse et la littérature arabe contemporaine. On ne le trouve en général que dans des textes complètement vocalisés comme le Coran.

Expressions عبارات

C'est vrai ?	صحيح؟
Bien sûr !	طبعاً
Je jure	والله
Merci beaucoup	شُكراً جزيلاً
Mais	ولَكِن
D'accord	طَيّب
Maintenant	الآن
Pourquoi pas !	لِمَ لا؟
Félicitations !	مبروك
Donc / alors	إذَن / إذاً
Dans peu de temps	بعدَ قليل
Au revoir	إلى اللِقاء

Lecture قراءة

1- ثوم	16- ثانِية	31-قميص	46- ظُنون
2- زَيتون	17-صابون	32-مصير	47- ثرثار
3- صدر	18- مِزمار	33- زَوال	48- صبِيّ
4- ظهر	19- ظلام	34-ظريف	49- قَوِيّ
5- قمَر	20- ثانَوِية	35- قُوّة	50- ثَورة
6- مِصر	21- زمان	36- تصدير	51- زَورق
7- زَينَب	22- قَيس	37- ظبْي	52-تصْوير
8- كلثوم	23- زميل	38- زهرة	53- مظهر
9- ظُهر	24- مِظَلّة	39- ثناء	54- ثِقة
10- قُرآن	25- أُنثى	40- قريب	55- مَوثوق
11-ثُعبان	26- صلاة	41- صدَقة	56-مُظاهَرة
12-زِيارة	27- صَوم	42- ظِلّ	57- تصَوُّر
13-صبر	28- صِيام	43- ثروة	58- تزْيين
14- ظُلم	29-ظُروف	44- قصر	59- مِقَصّ
15- قلب	30- زكاة	45- صُندوق	60- ظرف

Exercices تمارين

1- Attache les lettres suivantes pour former des mots :

1- ص ح ي ح ________ 6- م ق ه ى ________

2- ق ه و ة ________ 7- م ص ط ف ________

3- ع ص ي ر ________ 8- م ح ف و ظ ________

4- ق ل ي ل ________ 9- ج ز ي ل اً ________

5- ق ر أان ________ 10- ث ع ب ا ن ________

2- Sépare les lettres des mots suivants :

1- الآن ________ 6- اللقاء ________

2- والله ________ 7- كازوز ________

3- عثمان ________ 8- ولكن ________

4- الطريق ________ 9- صدقة ________

5- منصور ________ 10- مظاهرة ________

Annexes

- Lettres solaires et lettres lunaires
- Graphie de la Hamza
- Exercices d'application

Les lettres Solaires et les lettres Lunaires

الحُروف الشمسِيّة والحُروف القمَريّة

Les lettres solaires sont les lettres devant lesquelles on ne peut pas prononcer l'article défini « Al » lorsqu'elles se trouvent en début de mot. Par exemple, on ne peut pas prononcer l'article « Al » devant la lettre arabe « Ch » dans le mot « Chams » (soleil). Par conséquent, au lieu de dire « Al chams », on dira « Ach-chams » en appuyant sur la première lettre « Ch ».

Les lettres lunaires sont les lettres devant lesquelles on peut prononcer l'article défini « Al » lorsqu'elles se trouvent en début de mot. Par exemple, si on met l'article défini « Al » devant la lettre arabe « Q » comme dans le mot « Qamar » (lune), on pourra prononcer normalement l'article défini « Al qamar ».

Il existe 14 lettres solaires et 14 lettres lunaires. En voici la liste ci-dessous :

Les lettres Solaires الحُروف الشمسيّة	Les lettres Lunaires الحُروف القمَريّة
ت – ث – د – ذ – ر – ز- س – ش – ص – ض – ط ظ- – ل – ن	أ – ب – ج – ح – خ – ع - غ – ف – ق – ك – م - ه - و - ي

Exercice تمرين

Lis les mots suivants sans article défini, puis avec l'article défini :

1- أُسبوع	8- دار	15- ضِفدَعة	22- كُرة
2- باب	9- ذِئب	16- طاولة	23- لَيل
3- تمر	10- رأس	17- ظهر	24- ماء
4- ثُعبان	11-زَيتون	18-عنكَبوت	25- نار
5- جزيرة	12- سماء	19- غُراب	26- هواء
6-حياة	13- شمس	20- فُستان	27-ورَقة
7- خُبز	14- صدر	21- قمَر	28- يد

La graphie de la Hamza

كتابة الهمزة

1- Une hamza en début de mot s'écrit toujours أou إ . Cependant, si elle est suivie d'un alif أا, les deux se transformeront en madd آ.

2- Lorsque la hamza est en milieu d'un mot, on regardera la voyelle qu'elle porte et la voyelle de la lettre qui précède :

-Si l'une des deux et une kasra, elle s'écrira ـئـ . Exemple : الجزائِر

-Si aucune des deux n'est une kasra, mais que l'une ou l'autre est une damma, elle s'écrira ؤ. Exemple : فُؤاد.

-Si les deux ne sont ni kasra ni damma, mais l'une d'elles ou les deux sont des fathas, la hamza s'écrira أ. Exemple : كَأس.

3- Lorsque la hamza est en fin de mot, on ne tient pas compte de la voyelle qu'elle porte, mais uniquement de celle de la lettre qui précède :

-Si l'avant dernière lettre est une longue voyelle, la hamza s'écrira sur la ligne : سوء ــمساء

-Si l'avant dernière lettre n'a pas de voyelle, la hamza s'écrira aussi sur la ligne : ضَوْء -شَيْء

-Si l'avant dernière lettre porte une fatha, la hamza s'écrira sur le alif : بَدَأَ

-Si l'avant dernière lettre porte une damma, la hamza se mettra sur un wêw : يجرُؤُ

-Si l'avant dernière lettre porte une kasra, la hamza s'écrira sur le alif maqsoura : سَيِّئ

Exercice تمرين

Réécris correctement les mots suivants en veillant à choisir le support approprié de la hamza :

1- مُءَذِّن	________	8- رَءْس	________
2- مِءْزَر	________	9- ينشَءُ	________
3- عِبْءْ	________	10- مُءْتَمَر	________
4- فُءاد	________	11- بِءْر	________
5- شَيْءْ	________	12- مُءَدَّب	________
6- مَءال	________	13- وُضوءْ	________
7- فِناءْ	________	14- شُءون	________

Dictée de fin de niveau 1

إملاء نِهاية المُستَوى الأول

Donne le sens oralement puis écris correctement les phrases et mots suivants dans le deuxième tableau :

1- مرحبا	10- ماذا تعمل؟	19- مبروك
2- أنا – أنتَ - أنتِ	11- أنا أُستاذ / تِلميذ/ مُدير	20- أنتَ محظوظ
3- من أينَ أنتِ؟	12- مدرسة عربية	21- إذَن / إذاً
4- تونِس – تونِسي - تونِسِيّة	13- أنا مُمَرّضة	22- بعدَ قليل
5- روسيا	14- في مُستشفى	23- عيد سعيد
6- سوريا	15- في المغرب	24- عيد ميلاد سعيد
7- فرنسا	16- مرحباً بِكُم	25- عُطلة سعيدة
8- باريس	17- في هذه الشركة	26- سنة سعيدة
9- سلام	18- هذا المعهد	27- عام سعيد
28- أنا في البَيت	42- صباح الخَير	56- يَوم سعيد

29- أنتَ في المدرسة	43- أنا وحدي	57- سفَر مُمتِع
30- تحِيّاتي لِستيفان	44- صحيح والله	58- شهيّة طَيّبة
31- مع السلامة	45- تُريد أن تشرب	59- حظ سعيد
32- إلى اللِقاء	46- قهوة	60- أمس
33- أهلاً	47- شاي	61- اليَوم
34- كَيف الحال؟	48- عصير	62- أتَمَنّى أن تكون..
35- لا باس	49- كازوز	63- بِخَير
36- كيف حالُكَ؟	50- شُكراً جزيلاً	64- مُتَأخِّر
37- تمام	51- في مقهى البُستان	65- سافَرتُ
38- الحمدُ لِلّه	52- طَيِّب	66- كُنتُ
39- أينَ تسكُن حالِياً؟	53- ولكِن متى؟	67- ذهَبتُ
40- أسكُن في باريس	54- الآن	68- تعبان
41- إذاً نحنُ جيران	55- أنا في الطريق	69- مريض
70- نعم - لا	75- لِمَ لا !	80- أنا مُستَعجِل

71- طبعاً	76- ولكِن لِماذا؟	81- أنا مسرور
72- تفَضّل - تفضّلي	77- مساء الخَير	82- أنتَظِرُكَ
73- آسِف	78- أسافِر غداً	83- أتَجَوّل
74- تشرّفنا	79- إلى أبو ظبي	84- أدرُسُ العرَبيّة

-1	-16	-31
-2	-17	-32
-3	-18	-33
-4	-19	-34
-5	-20	-35
-6	-21	-36
-7	-22	-37
-8	-23	-38
-9	-24	-39
-10	-25	-40

-41	-26	-11
-42	-27	-12
-43	-28	-13
-44	-29	-14
-45	-30	-15
-72	-59	-46
-73	-60	-47
-74	-61	-48
-75	-62	-49
-76	-63	-50
-77	-64	-51
-78	-65	-52
-79	-66	-53
-80	-67	-54
-81	-68	-55
-82	-69	-56

-83	-70	-57
-84	-71	-58

Lecture قراءة

Écris en français les prénoms suivants :

1- خَيرة ________	11- فضيلة ________
2- سارة ________	12- سُهَيلة ________
3- مُصطَفى ________	13- مهدي ________
4- عُثمان ________	14- لَيلى ________
5- فتيحة ________	15- ياسمين ________
6- كامِلة ________	16- بدر ________
7- رَيّان ________	17- عُمَر ________
8- مُعاذ ________	18- أنيسة ________
9- غَنِيّة ________	19- جمال ________
10- طاهَر ________	20- نعيمة ________

Expressions عبارات

Traduis en français les expressions arabes suivantes :

1- أنا في الطريق ______________________

2- تحِياتي لِنَعيمة ______________________

3- أنتِ مع من؟ ______________________

4- أينَ تسكُن حالِياً؟ ____________________

5- ماذا تعملين؟ ______________________

6- تشَرّفنا ______________________

7- مرحَباً بِكُم ______________________

8- مِن أينَ أنتَ؟ ______________________

9- أنا وحدي ______________________

10- أنتَ محظوظ ______________________

11- تُريد أن تشرب قهوة؟ __________________

12- أنا أستاذ في مدرسة عربية ______________

13- كَيفَ الحال؟ ______________________

14- مع السلامة ______________________________

15- إلى اللِقاء ______________________________

Vocabulaire المُفرَدات

Traduis en français les mots arabes suivants :

25- بُستان___	13- أسكُن____	1- عصير___
26- إذَن____	14- نحنُ____	2- مقهى____
27- أنتَ___	15-سلام_____	3- الآن ___
28- لِماذا؟___	16- مرحبا___	4- غداً _____
29- ماذا؟___	17- جيران___	5- مبروك___
30-يشرب___	18- مُستَشفى__	6- طريق___
31- صحيح__	19-أستاذ____	7- محظوظ__
32- تمام___	20- مُمَرِّضة__	8- بَيت_____
33- طبعاً___	21- مُدير____	9- مدرسة___
34- أينَ____	22- شركة___	10- نعَم____
35- طَيِّب____	23-تعملين____	11- لا______
36- لِمَ لا؟____	24- آسِف_____	12- حالِياً____

Test Final

الامتِحان النِهائي

Test final du Niveau 1

الامتحان النهائي للمستوى الأول

I- Lettres الحروف

1- Repérage des lettres تحديد الحروف

1- Entoure le ب dans les mots suivants :

صابون – باص – مصر – صبرينة – باب – صغير – بلال - مترو

2- Entoure le م مـ dans les mots suivants :

المغرب – باسم – أمينة – مدينة – تلميذ – سلام – بنات – كمال

3- Entoure le س سـ dans les mots suivants :

أنيسة – سلام – شمس – درس – بدر – كثير – سامية – أستاذ -

4- Entoure le ا dans les mots suivants :

كوكا – سمك – سكر – ملك – مالك – أمال – شكراً – كمال – باسم

5- Entoure le ل dans les mots suivants :

منال – لَيلى – نبيل – ياسين – بِلال – سامي – تلميذ – بابا - الليل

6- Entoure le ن dans les mots suivants :

نبيل – باب – أمينة – مدينة – تلميذ – ياسين – بنات – أنناس - ناس

7- Entoure le ي dans les mots suivants :

أنيسة – ياسين – لَيلى – أنيس – ليليا – سامي – لُبنى – دُبَي - سلمى

8- Entoure le ى dans les mots suivants :

سلوى – سامي – هدى – منى – مالي – علي – لبنى – دبي – أبي -

9- Entoure le ت dans les mots suivants :

تونس – سميرة – بنت – ياسين – كتاب – تلميذ – ينيس - فتاة

10- Entoure le و dans les mots suivants :

يونس – ولد – سلوى – وداد – فؤاد – نور – سؤال – مسؤول - كؤوس

11- Entoure le أ dans les mots suivants :

أنيسة – أنا – باب – أنيس – كأس – اسم – ملأ – بدأ – إدريس -

12- Entoure le ة ـة dans les mots suivants :

وجه – سامية – نبيلة – أميرة – جاه – نورة – سارة – الله -
مدرسة

13- Entoure le د dans les mots suivants :

تلميذ – مدرسة – جدأ – ذباب – دفتر – جديد – وداد – أستاذ -
ذات

14- Entoure le ر dans les mots suivants :

ريان – باريس – زيتون – درس – الجزائر – نور – زيت –
مصر -

15- Entoure le ح dans les mots suivants :

صحيح – جديد – خبز – لحم – صبح – حبيب – جديد – خزانة

16- Entoure le ص dans les mots suivants :

مصر – باص – تفضل – صبرينة – مصطفى – صحيح –
صباح

17- Entoure le ك كـ dans les mots suivants :

كتاب – مكتبة – سمك – كوكا – ملك – ديك – كاملة - كريمة

18- Entoure le ع عـ ـعـ ـع dans les mots suivants :

مع – نعم – تعبان – عمل – مصطفى – صغير – عربية - مغربي

19- Entoure le ج dans les mots suivants :

جميلة – مدرسة – جداً – حمار – خبز – جديد – حميد - فجر

20- Entoure le ز dans les mots suivants :

ريان – جزيرة – زيتون – كازوز – الجزائر – نور – زيت – مصر

21- Entoure le ش dans les mots suivants :

شمس – مشمش – شكراً – سحر – شهر – تشرفنا – شباب – شوف

22- Entoure le ط dans les mots suivants :

مطر – ظهر – طاولة – مطار – مصطفى – أبو ظبي – صباح

23- Entoure le غ غـ ـغـ ـغ dans les mots suivants :

غابة – المغرب – جعفَر – غُراب – غداً – عربي – صغير - نعيمة

24- Entoure le ف dans les mots suivants :

جعفر – قلم – فريدة – سفر – مصطفى – صغير – صقر - شريفة

25- Entoure le خ dans les mots suivants :

مرحلة – خبز – جداً – خوخ – متحف – جواب – خيرة – الخميس

26- Entoure le ذ dans les mots suivants :

أستاذ – جزيرة – ذباب – مؤذن – دنيا – نور – مدينة – ذئب - دار

27- Entoure le ث dans les mots suivants :

اثنان – مشمش – الثلاثاء – ثوم – شهر – ثرثار – شباب – تراث

28- Entoure le ض dans les mots suivants :

صابون – ظهر – ضفدعة – تفضل – مصطفى – أبو ظبي – ضبع

29- Entoure le ق dans les mots suivants :

قريب – طريق – جعفَر – فوق – فريق – فريدة – دقيق – جفف - قلب

30- Entoure le ظ dans les mots suivants :

تفضل – أبو ظبي – مطار – ظهر – يظن – مظلة – طاولة - حظ

31- Entoure le هـ ـهـ ـه ه dans les mots suivants :

مهدي – الأهرام – الله – ظهر – أبو الهول – جاه – طاولة - وجوههم

2- Identification des lettres تعريف الحروف

Mets le numéro de la lettre correspondante entre parenthèses, sachant que certaines lettres arabes s'écrivent de plusieurs manières. On peut donc avoir le même numéro deux fois ou plus :

1- Hamza 2- Alif 3- B 4- T
5- Th (Thanks)

6- Dj 7- Ḥ (H fort) 8- Kh (Khaled)
9- D

10- Th (This) 11- R roulé 12- Z
13- S

14- Ch 15- Ṣâd (S emphatique) 16- Ḍâd (D emphatique)

17- Ṭâ (T emphatique) 18- Ḍhâ (Th de This emphatique)

19- Ayn 20- Rayn 21- F 22- Qâf (Q emphatique)

23- Kêf 24- Lêm 25- Mîm 26-

Noun

27- Hê (H de l'expiration) 28- Wêw 29-
Yê

(__)ط (__)كـ (__)ؤ (__)ـغ (__)ث
(__)ض

(__)ذ (__)ـه (__)ى (__)عـ (__)
يـ (__)خ

(__)نـ (__)ز (__)هـ (__)ب (__)
غ (__)ق

(__)ش (__)ـع (__)م (__)ئ (__)ظ
(__)ج

(__)ـغـ (__)و (__)ح (__)ـهـ
(__)إ (__)ل

(__)ت (__)ص (__)ـعـ (__)ا (__)
ك (__)ي

(__)غـ (__)ر (__)ن (__)ه (__)
ئـ (__)ف

(__)د (__)ع (__)أ (__)س (__)ء

3- **Identification des signes**

تعريف العلامات

Mets le numéro du signe correspondant entre parenthèses :

1- Fatha 2- Damma 3- Kasra 4- Soukoun 5- Chadda 6-Tanwine 7- Ta marbouta 8- Madd

9- Lam alif 10- Article défini

(__)   __(__)   لا (__)   __(__) __

(__)   ة (__)   __(__)   الـ (__) أ__

(__)   آ (__)   __(__)   __(__) __

II- Écriture كتابة

Attacher/Séparer les lettres 1

ربط و فصل الحروف 1

1- Attache les lettres suivantes pour former des mots :

1- س ل ا م ________ 6- ن ب ي ل ______

2- س ا ل م ________ 7- س ا م ي ______

3- م ن ا ل ________ 8- ن س ي م ______

4- س ل ي م ________ 9- ت س ن ي م ________

5- س ن ي ________ 10- س ن ب ل ________

2- Sépare les lettres des mots suivants :

1- لا باس ________ 6- ينيس ____________

2- سلمى ________ 7- ياسين ____________

3- مالي ________ 8- ليلى ____________

4- سمسم ________ 9- منال ____________

5- مسالم ________ 10- نسيان ____________

Attacher/Séparer les lettres 2

ربط و فصل الحروف 2

1- Attache les lettres suivantes pour former des mots :

1- س ل ا م ________ 6- ل ا س م ________

2- م ا ل س ________ 7- س ا ل م ________

3- مُ ن ي ر ________ 8- ل ي ل ________

4- ي م ي ن ________ 9- ل ب ن ا ن ________

5- س م ي ن ________ 10- س ن ي ن ________

2- Sépare les lettres des mots suivants :

1- سلام __________ 2- سالِم __________

3- لا باس __________ 4- تمام __________

5- سمير __________ 6- منار __________

7- بِلال __________ 8- لِسان __________

9- مريَم __________ 10- منال __________

Attacher/Séparer les lettres 3

ربط و فصل الحروف 3

1- Attache les lettres suivantes pour former des mots :

1- أ م ي ن ة ________ 2- س ل و ى ______

3- ل ب ا ن ________ 4- ت ل م ي ذ ______

5- أ ن ي س ة ________ 6- ن ب ي ل ______

7- س م ي ن ________ 8- ت س ن ي م ______

9- ل ذ ي ذ ة ________ 10- ذ ب ا ب ة ______

2- Sépare les lettres des mots suivants :

1- ياسمينة __________ 2- نينا ________

3- إسبانيا __________ 4- يمينة ________

5- سليمة __________ 6- ينيس ________

7- سامية __________ 8- ألمانيا ________

9- لبنة __________ 10- لا باس ________

Attacher/Séparer les lettres 4

ربط و فصل الحروف 4

1- Attache les lettres suivantes pour former des mots :

1- ص ح ي ح ________	6- ت ع ب ا ن ______
2- ص ب ا ح ________	7- ع م ل ________
3- ك ل ا م ________	8- ن ع م ________
4- ص ب ي ر ة ______	9- ك ت ا ب ________
5- ص ح ي ح ______	10- ص ك و ك ______

2- Sépare les lettres des mots suivants :

1- عمر __________	6- كرسي __________
2- محمد __________	7- نصيرة __________
3- مصر __________	8- عربية __________
4- كاملة __________	9- صحراء __________
5- ريان __________	10- كعك __________

Attacher/Séparer les lettres 5

ربط و فصل الحروف 5

1- Attache les lettres suivantes pour former des mots :

1- ص ب ا ح ________ 6- ع ر ب ي ة ________

2- م ع ر ك ة ________ 7- ك ع ك ________

3- م ع ل م ة ________ 8- ن ص ي ر ة ________

4- ك ا م ل ة ________ 9- ي ع ر ف ه ا ________

5- ك ن ع ا ن ________ 10- ع ص ي ر ________

2- Sépare les lettres des mots suivants :

1- مكتبة __________ 6- صبرينة __________

2- مهرجان __________ 7- تلعبين __________

3- معركة __________ 8- كهرباء __________

4- تعبان __________ 9- صحراء __________

5- صومعة __________ 10- صهريج __________

Attacher/Séparer les lettres 6

ربط و فصل الحروف 6

1- Attache les lettres suivantes pour former des mots :

1- ج ع ف ر ________ 6- ع ط ش ا ن ________

2- ص غ ي ر ________ 7- ج ز ي ر ة ________

3- ش ر ط ي ________ 8- ر غ ي ف ________

4- م غ ر ب ي ________ 9- ش غ ل ________

5- ط غ ي ا ن ________ 10- غ ز ي ر ة ________

2- Sépare les lettres des mots suivants :

1- مغناطيس ________ 5- غراب ________

2- طفل ________ 6- الجزائر ________

3- جيش ________ 7- شطوط ________

4- غفلة ________ 8- فجر ________

5- طغيان ________ 10- تغطية ________

Attacher/Séparer les lettres 7

ربط و فصل الحروف 7

1- Attache les lettres suivantes pour former des mots :

1- ت ف ض ل ______ 6- ع ث م ا ن ________

2- ج ز ي ل أ ______ 7- ض ب ع ________

3- ا ل ل ق ا ء ______ 8- ط ب ع أ ________

4- ظ ه ر ______ 9- ط ب ا خ ة ________

5- ا ل أ ا ن ______ 10- ق ض ي ة ________

2- Sépare les lettres des mots suivants :

1- ضفدعة ________ 5- ثعلب ________

2- محظوظ ________ 6- أثينا ________

3- قليل ________ 7- نضيرة ________

4- ظبي ________ 8- انتظار ________

5- غضبان ________ 10- خبيث ________

III- Lecture قراءة

Écris en français les prénoms suivants :

1- خَيرة ____________	11- فضيلة __________
2- رشيدة ___________	12- سُهَيلة __________
3- مُصطَفى _________	13- مهدي __________
4- عُثمان ___________	14- ليلى __________
5- فتيحة ___________	15- ياسمين _________
6- كامِلة ____________	16- صُهَيب _________
7- ريّان ____________	17- عُمَر ___________
8- مُعاذ _____________	18- أنيسة __________
9- غَنِيّة ____________	19- جمال __________
10- طاهَر ___________	20- نعيمة __________

IV- Expressions عبارات

Traduis en français les expressions arabes suivantes :

1- أنا في الطريق ______________________

2- تحِياتي لِنَعيمة______________________

3- أنتِ مع من؟______________________

4- أينَ تسكُن حالِياً؟______________________

5- ماذا تعملين؟______________________

6- تشَرّفنا______________________

7- مرحَباً بِكُم______________________

8- مِن أينَ أنتَ؟______________________

9- أنا وحدي______________________

10- أنتَ محظوظ______________________

11- تُريد أن تشرب قهوة؟______________________

12- أنا أُستاذ في مدرسة عربية______________________

13- كَيفَ الحال؟______________________

14- مع السلامة________________________________

15- إلى اللِقاء________________________________

V- Vocabulaire

المفردات

Traduis en français les mots arabes suivants :

25- بُستان ___	13- أسكُن ___	1- عصير ___
26- إذَن ___	14- نحنُ ___	2- مقهى ___
27- أنتَ ___	15- سلام ___	3- الآن ___
28- لِماذا؟ ___	16- مرحبا ___	4- غداً ___
29- ماذا؟ ___	17- جيران ___	5- مبروك ___
30- يشرب ___	18- مُستَشفى ___	6- طريق ___
31- صحيح ___	19- أستاذ ___	7- محظوظ ___
32- تمام ___	20- مُمَرّضة ___	8- بَيت ___
33- طبعاً ___	21- مُدير ___	9- مدرسة ___
34- أينَ ___	22- شركة ___	10- نعَم ___
35- طَيّب ___	23- تعملين ___	11- لا ___
36- لِمَ لا؟ ___	24- آسِف ___	12- حالِياً ___

Le Vocabulaire Usuel

المفردات الشائعة

Vocabulaire usuel 1

المفردات الشائعة 1

45- جيران	23- غداً	1- ولَد
46- تحِيّاتي	24- أسبوع	2- بِنت
47- متى؟	25- شهر	3- مرأة
48- لِماذا؟	26- سنة	4- رجُل
49- ماذا؟	27- عام	5- بَيت
50- أينَ؟	28- دقيقة	6- دار
51- ولَكِن	29- أمس	7- منزِل
52- إذَن/ إذاً	30- حالِياً	8- مدينة
53- وحدي	31- طَيّب	9- بلَد
54- آسِف	32- طبعاً	10- كِتاب
55- تشَرّفنا	33- طبيب	11- كُرّاس
56- تفَضّل	34- غُرفة	12- قلم
57- مِن فضلِك	35- سَيّد	13- تِلميذ

14- أُستاذ	36- شارع	58- الأوّل
15- مُعَلِّم	37- طريق	59- الثاني
16- طالِب	38- سَيّارة	60- الثالِث
17- ورَقة	39- ماء	61- الرابِع
18- صفحة	40- عصير	62- الخامِس
19- درس	41- خُبز	63- مُستَوى
20- مدرسة	42- هاتِف	64- أكل
21- معهد	43- رقم	65- مشروب
22- عمَل	44- كبير	66- أهلاً
67- شركة	82- صغير	97- بسُكَّر
68- مُدير	83- جميل	98- بِلا سُكَّر
69- مُستَشفى	84- تعبان	99- جَوعان
70- مُمَرِّضة	85- صحيح	100- عطشان
71- مكتب	86- قهوة	101- نعسان
72- مكتبة	87- شاي	102- سعيد
73- كُرسِيّ	88- بُستان	103- حزين

74- كلِمة	89- محظوظ	104- دجاج
75- حرف	90- بعدَ	105- لحم
76- اِسم	91- قليل	106- رُز
77- جُملة	92- أسكُن	107- بَيض
78- ساعة	93- أعمل	108- خُضَر
79- يَوم	94- أشرب	109- فَواكِه
80- اليَوم	95- أريد	110- كلب
81- الآن	96- أُسافِر	111- قِطّ

Vocabulaire usuel 2

المفردات الشائعة 2

45- جَيِّد	23- طَويل	1- صباح
46- جَيِّد جِدّاً	24- مُتَأَخِّر	2- مساء
47- سَيِّئ	25- قصير	3- سماء
48- رائِع	26- بارِد	4- أرض
49- غريب	27- حارّ	5- لَيل
50- يكتُبُ	28- ذكِيّ	6- لَيلة
51- يذهَبُ	29- غبِيّ	7- فُندُق
52- يفعَلُ	30- مُستَعجِل	8- عُطلة
53- يتَكَلَّمُ	31- قريب	9- عيد
54- يتَعَلَّمُ	32- بعيد	10- عيد ميلاد
55- يقرَأُ	33- سريع	11- شمس
56- يأكُلُ	34- بطيء	12- قمَر
57- يشرَبُ	35- قوِيّ	13- بدر

14- هِلال	36- ضعيف	58- يجلِسُ
15- درّاجة	37- سمين	59- يقولُ
16- حافِلة	38- نحيف	60- يدفَعُ
17- مِترو	39- نحيل	61- يفهَمُ
18- طائِرة	40- غضبان	62- يزورُ
19- باخِرة	41- هادِئ	63- يرى
20- سفَر	42- دافِئ	64- يبحَثُ
21- تذكِرة	43- أبيَض	65- يدخُلُ
22- تمرين	44- أسوَد	66- يخرُجُ
67- قاموس	82- أحمر	97- يُحِبُّ
68- جريدة	83- أزرق	98- يُشاهِدُ
69- صحيفة	84- أخضر	99- يُراجِعُ
70- مجلّة	85- أصفر	100- يَرجِعُ
71- دُكّان	86- بُنّي	101- ينتَظِرُ
72- حلوى	87- بُرتُقالي	102- يغسِلُ
73- حلوِيّات	88- وردي	103- يدرُسُ

74- مطر	89- رمادي	104- يلعَبُ
75- مطار	90- بنَفسَجي	105- يعيشُ
76- ثلج	91- ذهَبي	106- ينظُرُ
77- ربيع	92- فِضّي	107- يُرسِلُ
78- صَيف	93- شفّاف	108- يطلُبُ
79- خريف	94- فاتِح	109- يسألُ
80- شِتاء	95- أدكن	110- يُجيبُ
81- لحظة	96- مُمتاز	111- يسكُتُ

Table des matières

Dépôt légal : Juin 2023

www.ingramcontent.com/pod-product-compliance
Lightning Source LLC
LaVergne TN
LVHW012117170826
845678LV00014BA/2971

* 9 7 8 2 4 9 4 7 0 4 0 2 2 *